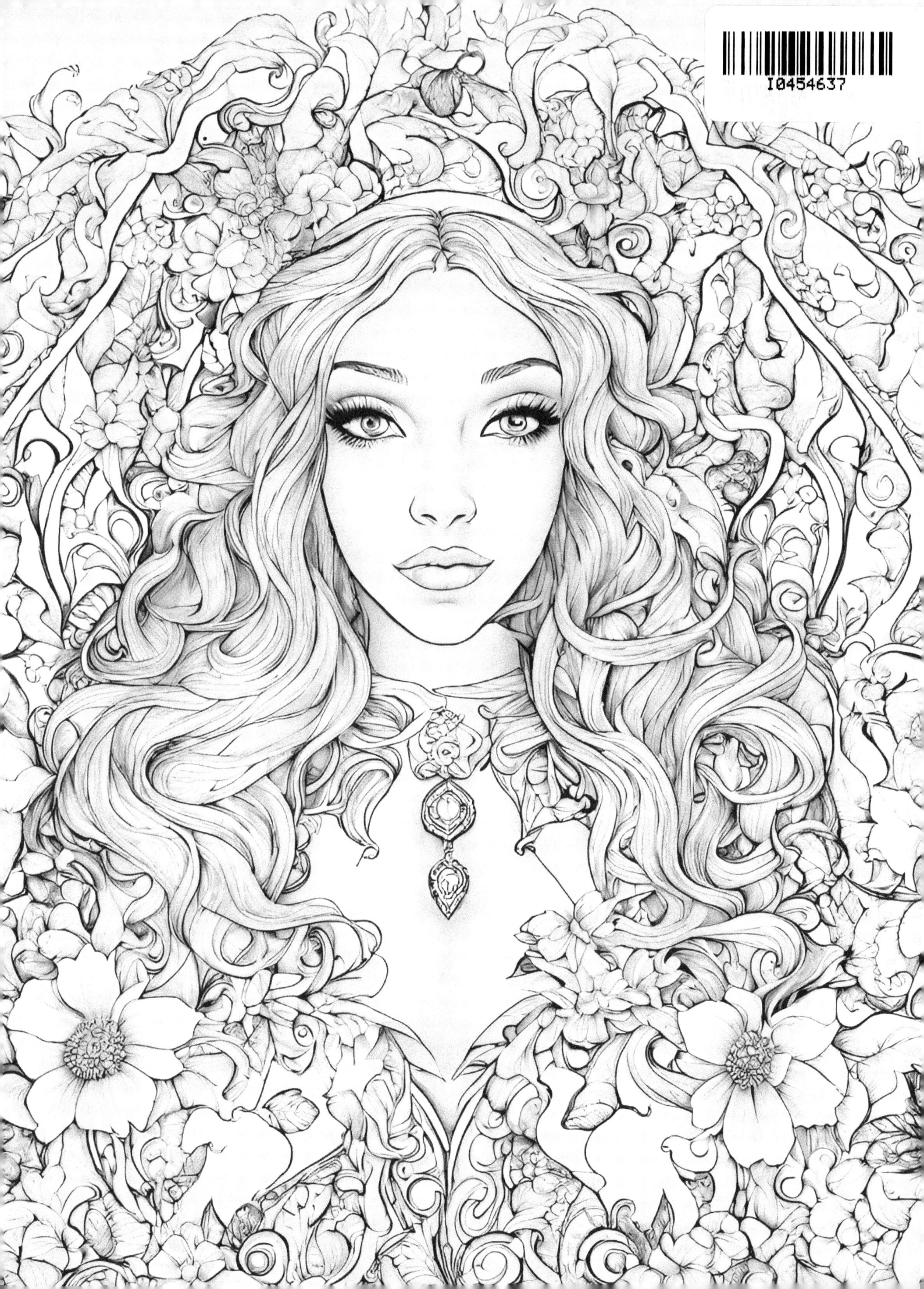

I0454637

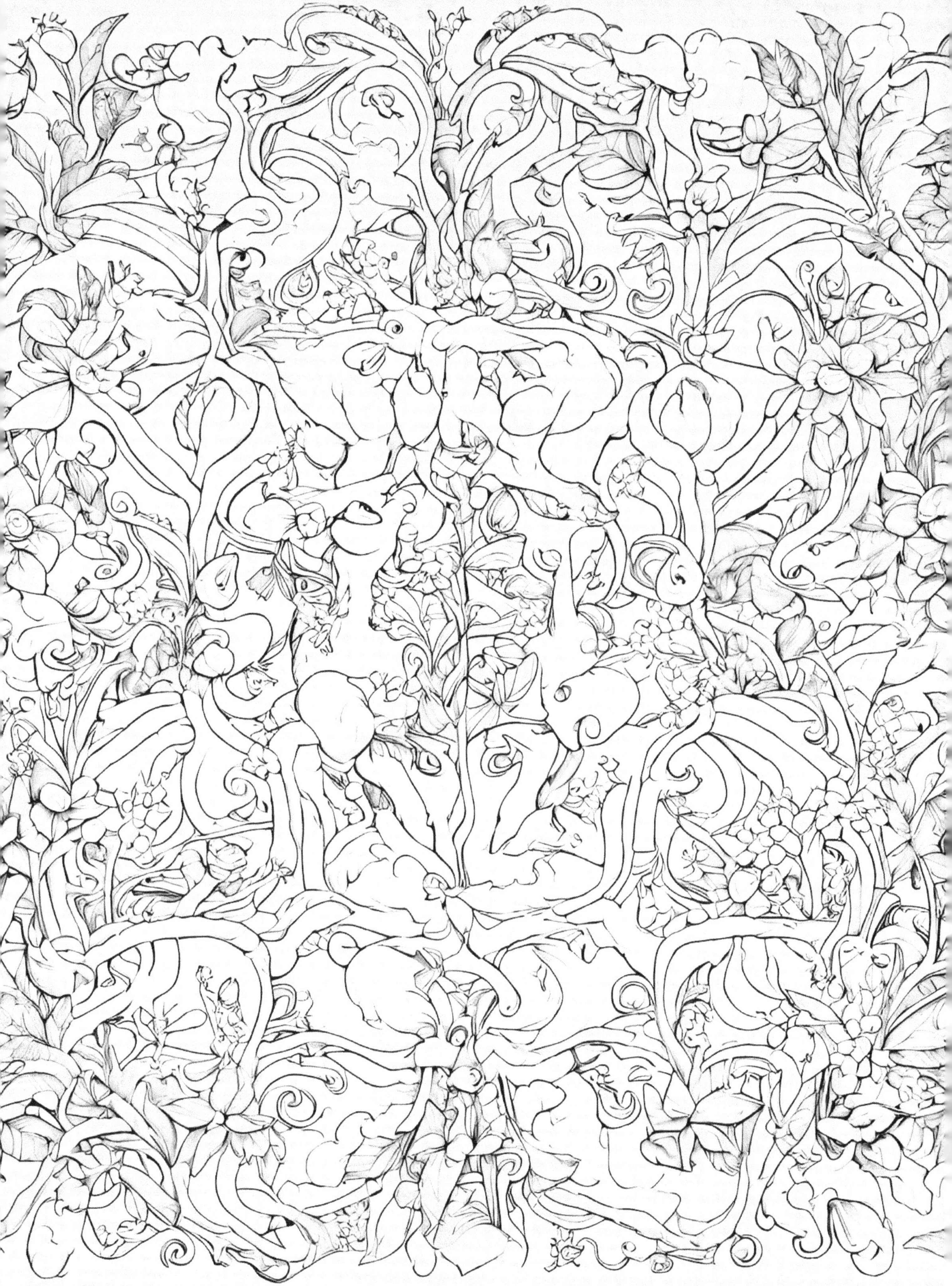

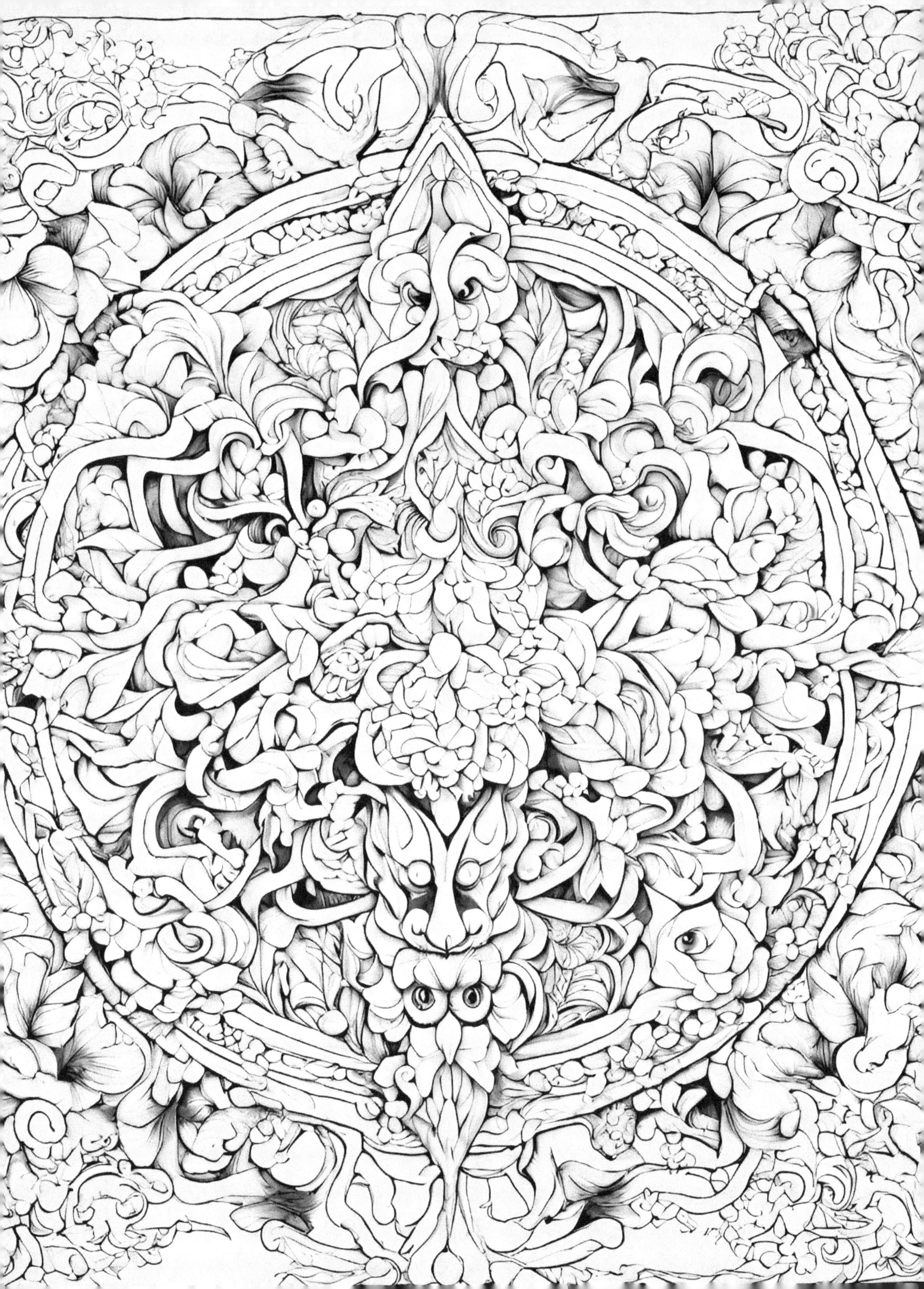

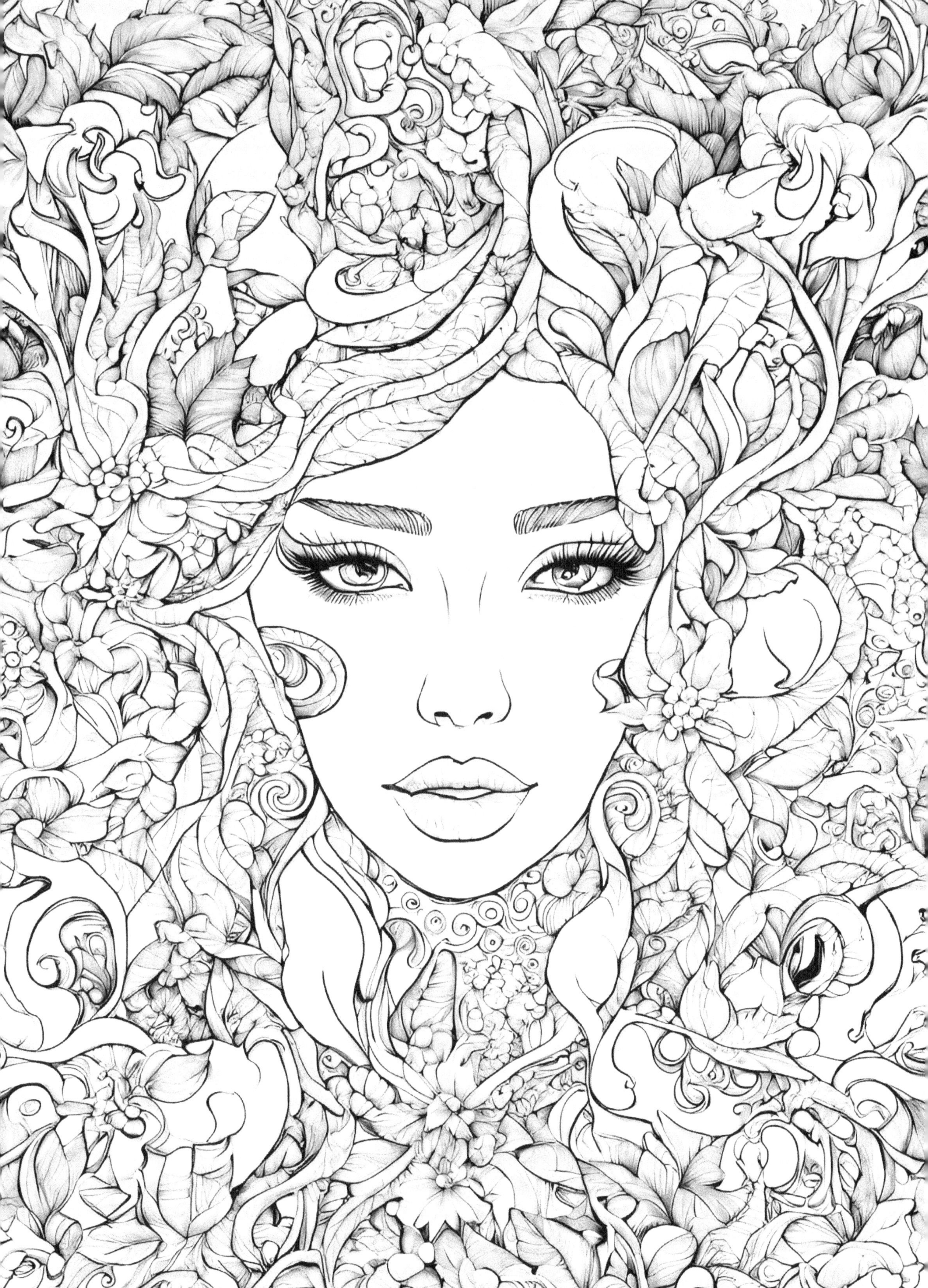

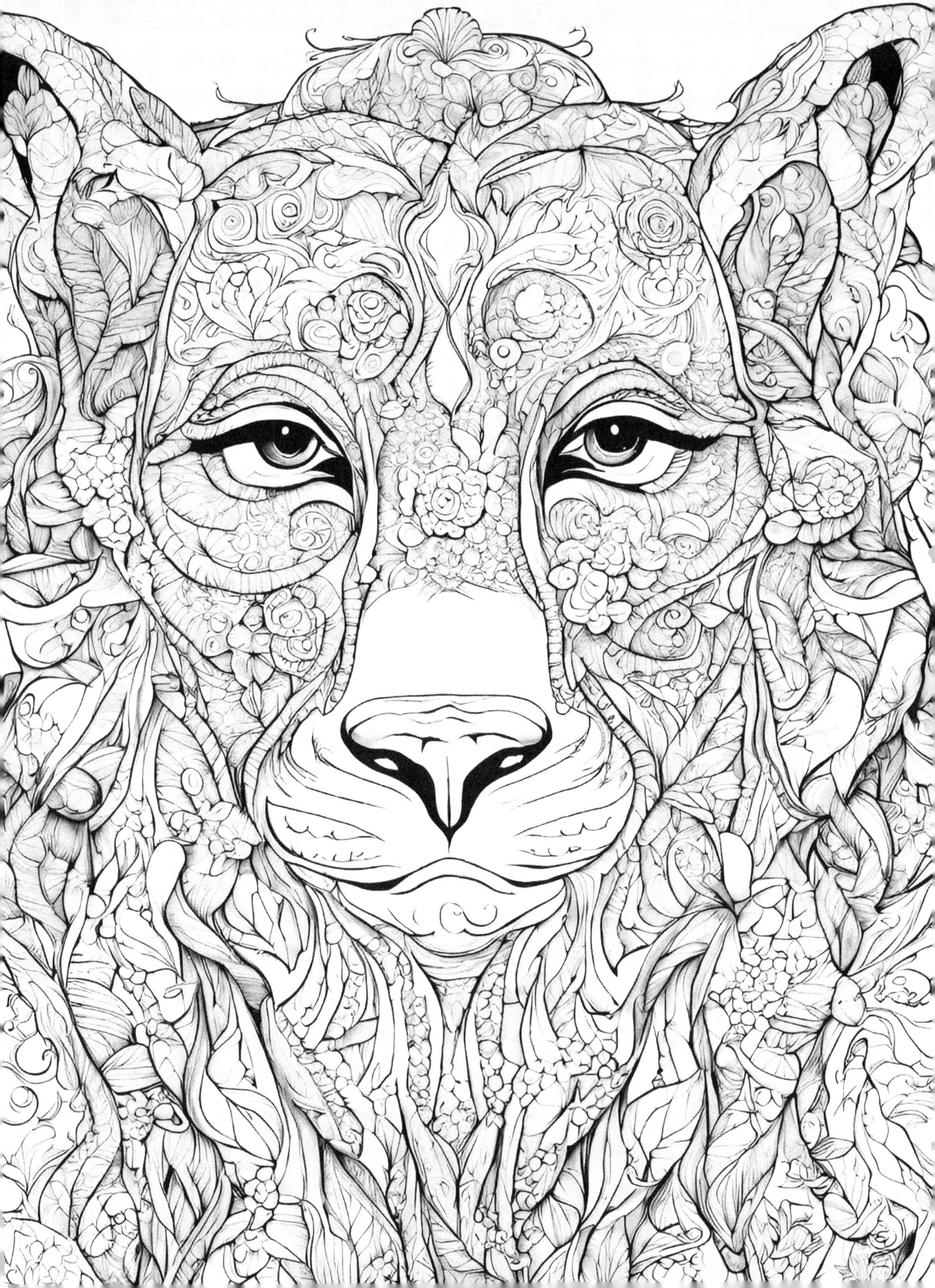

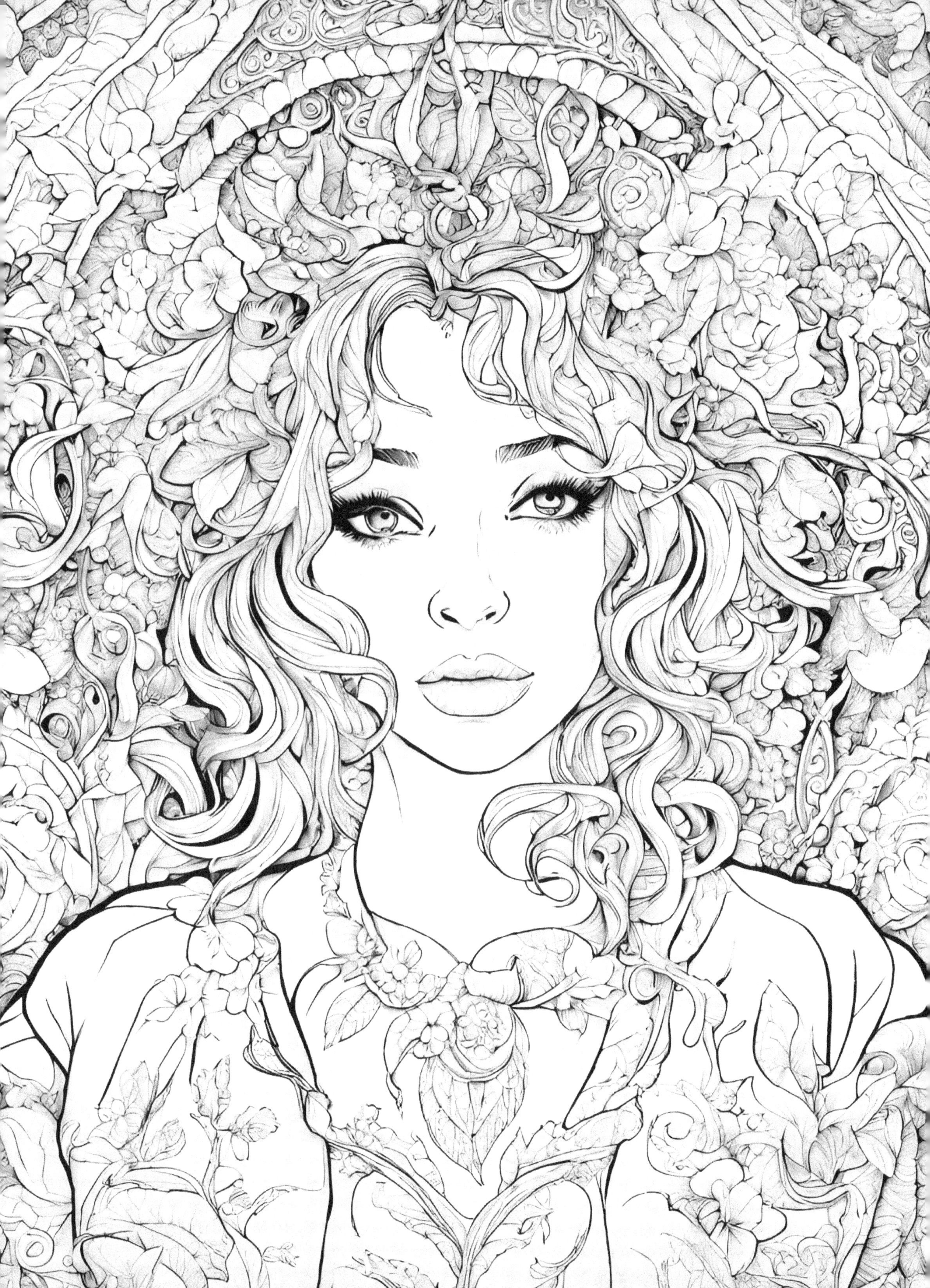

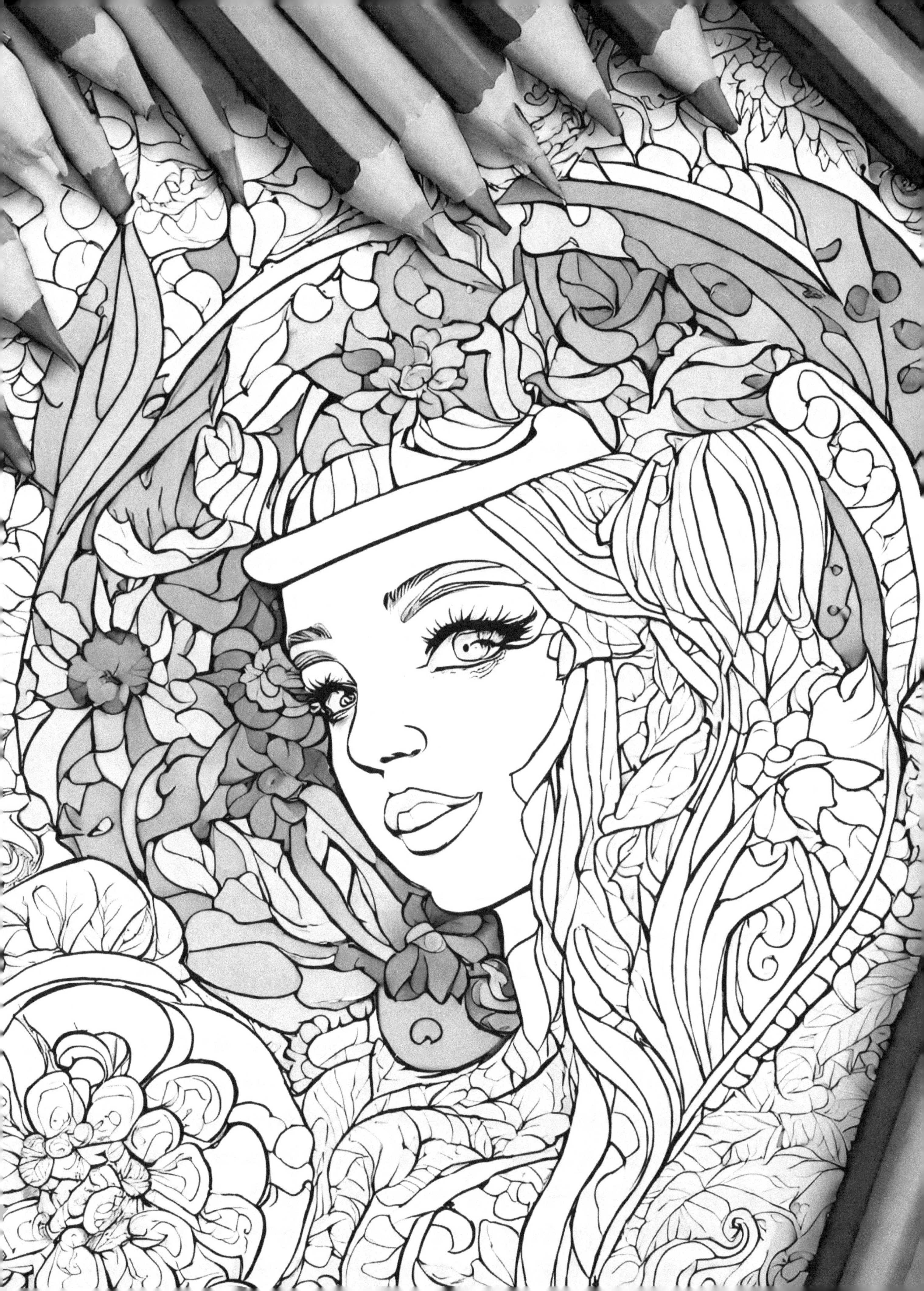

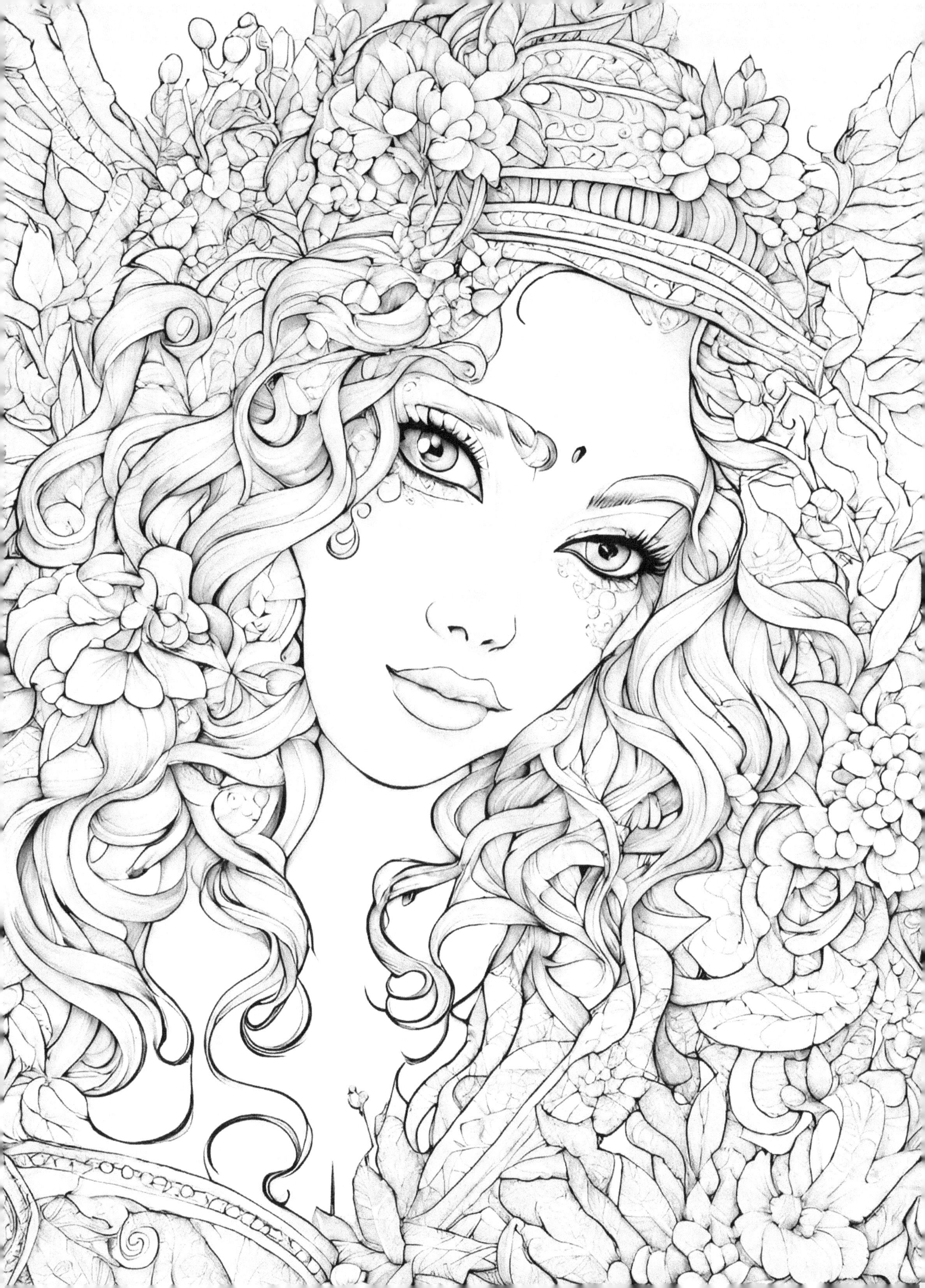

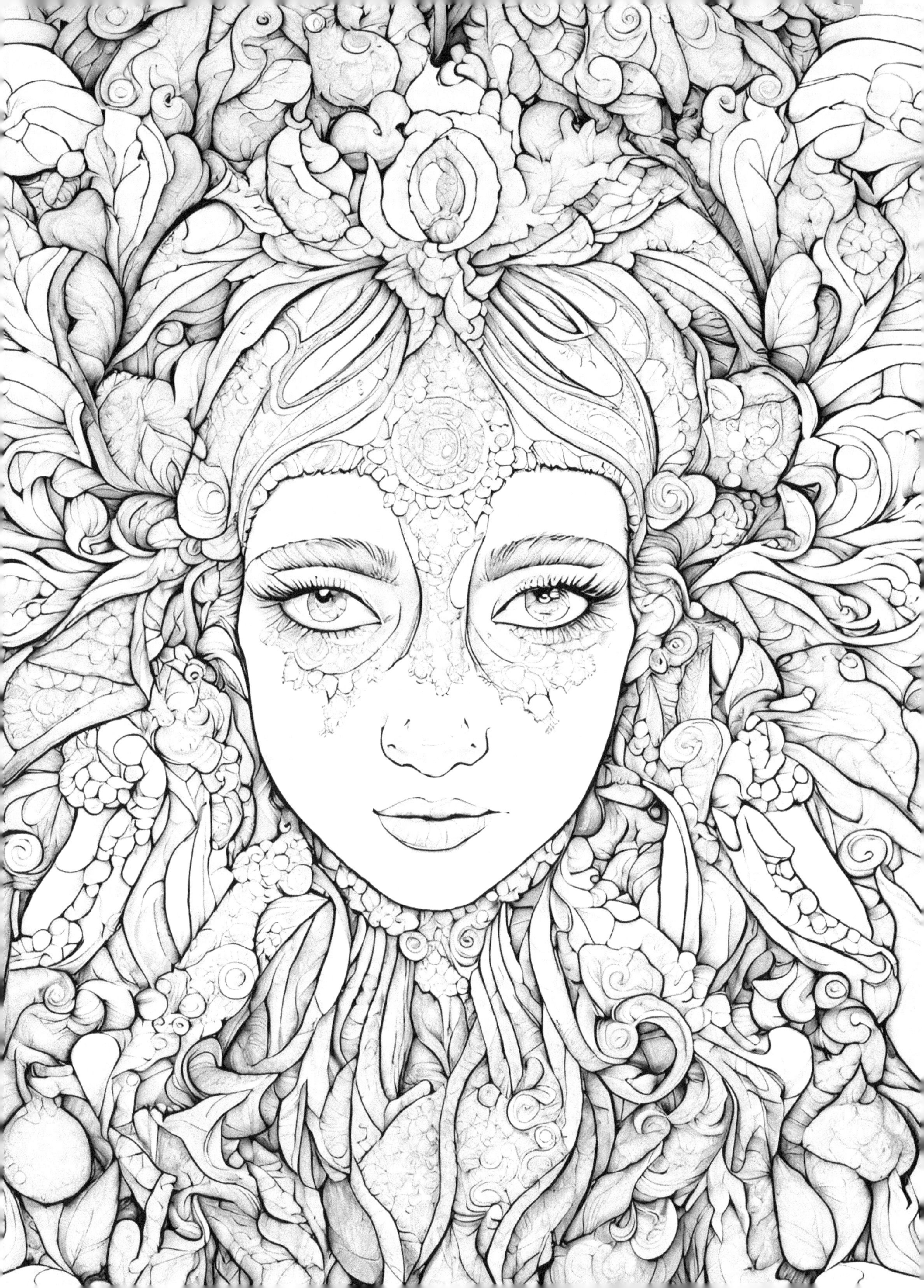

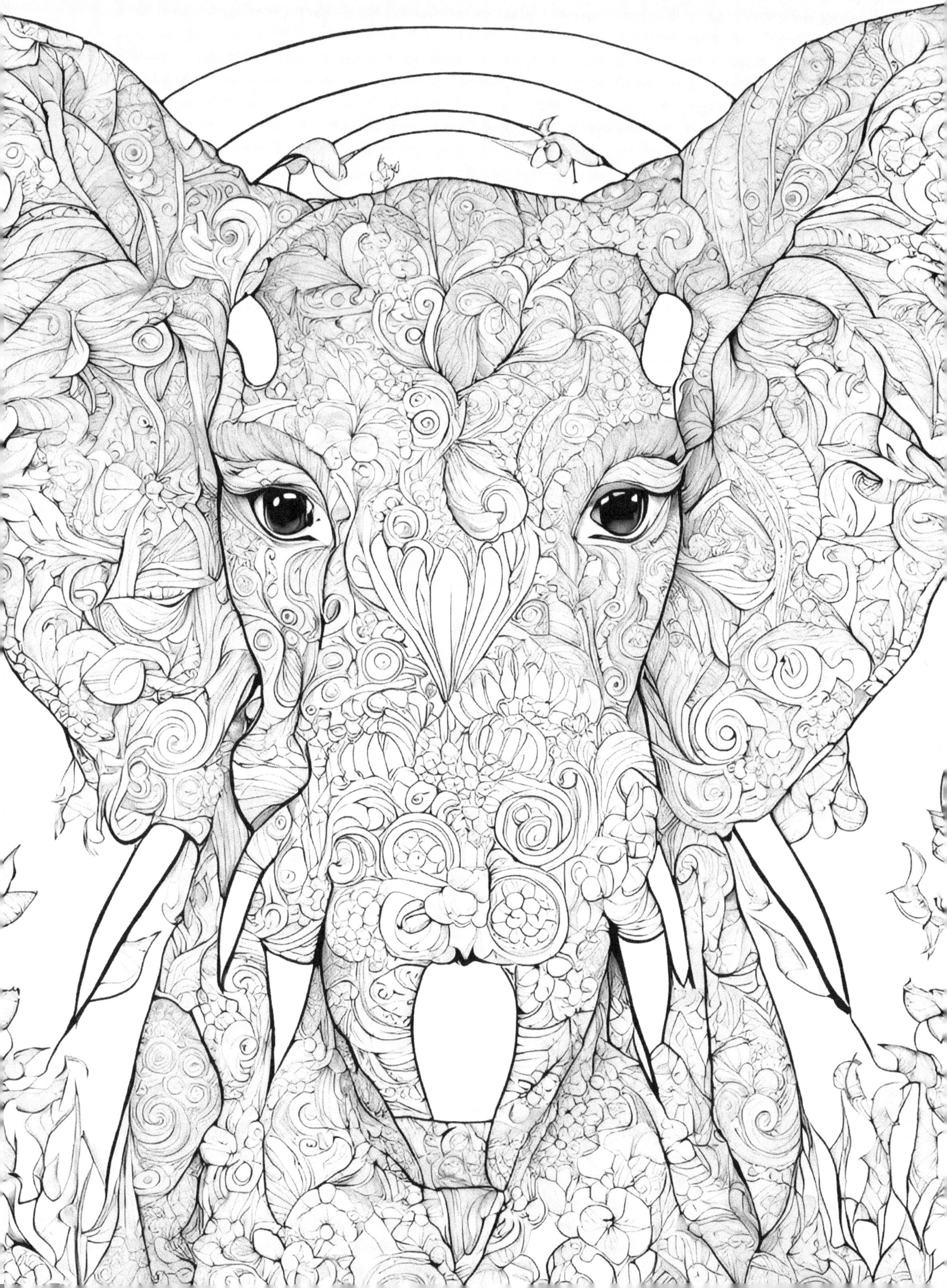

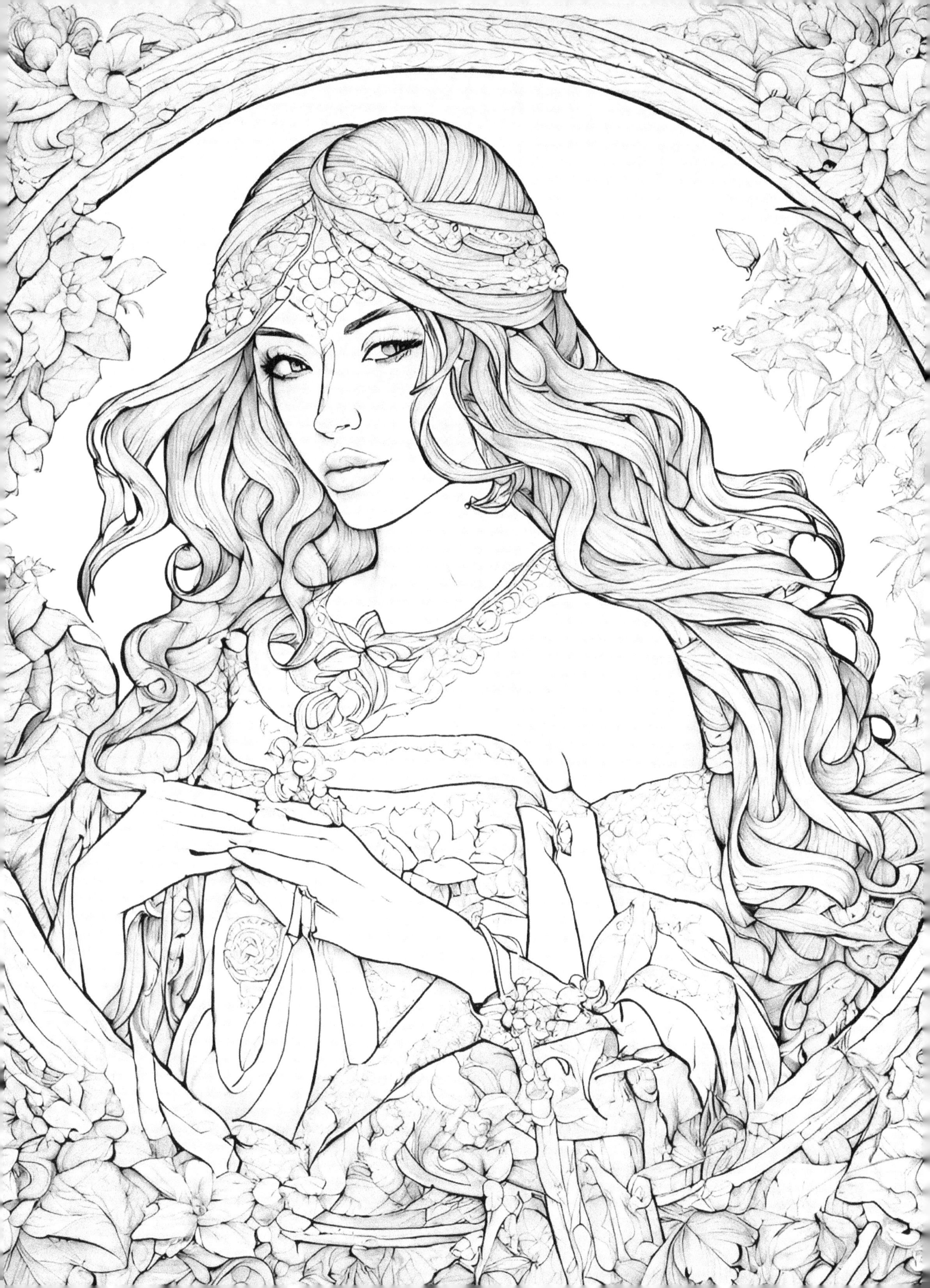

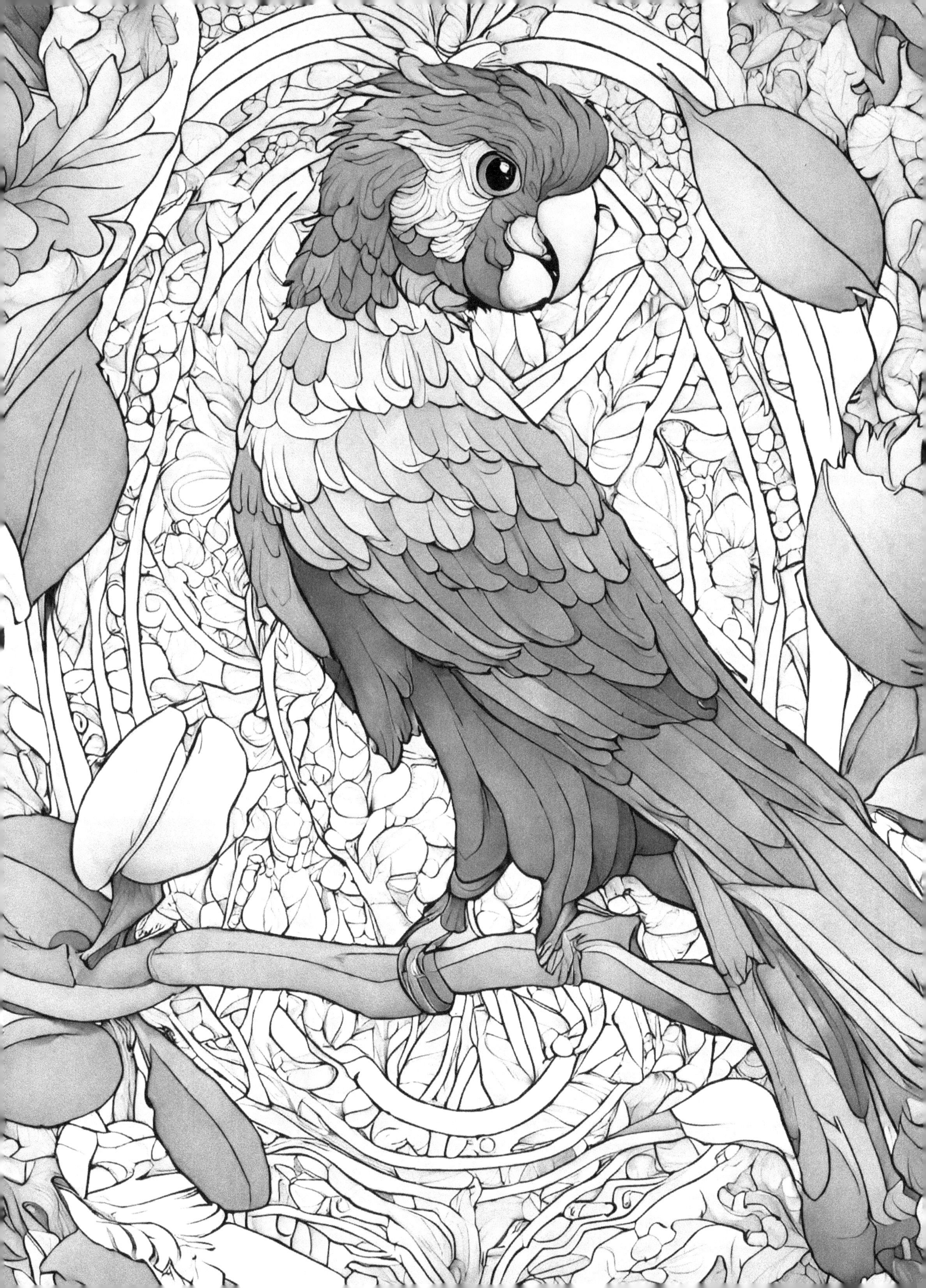

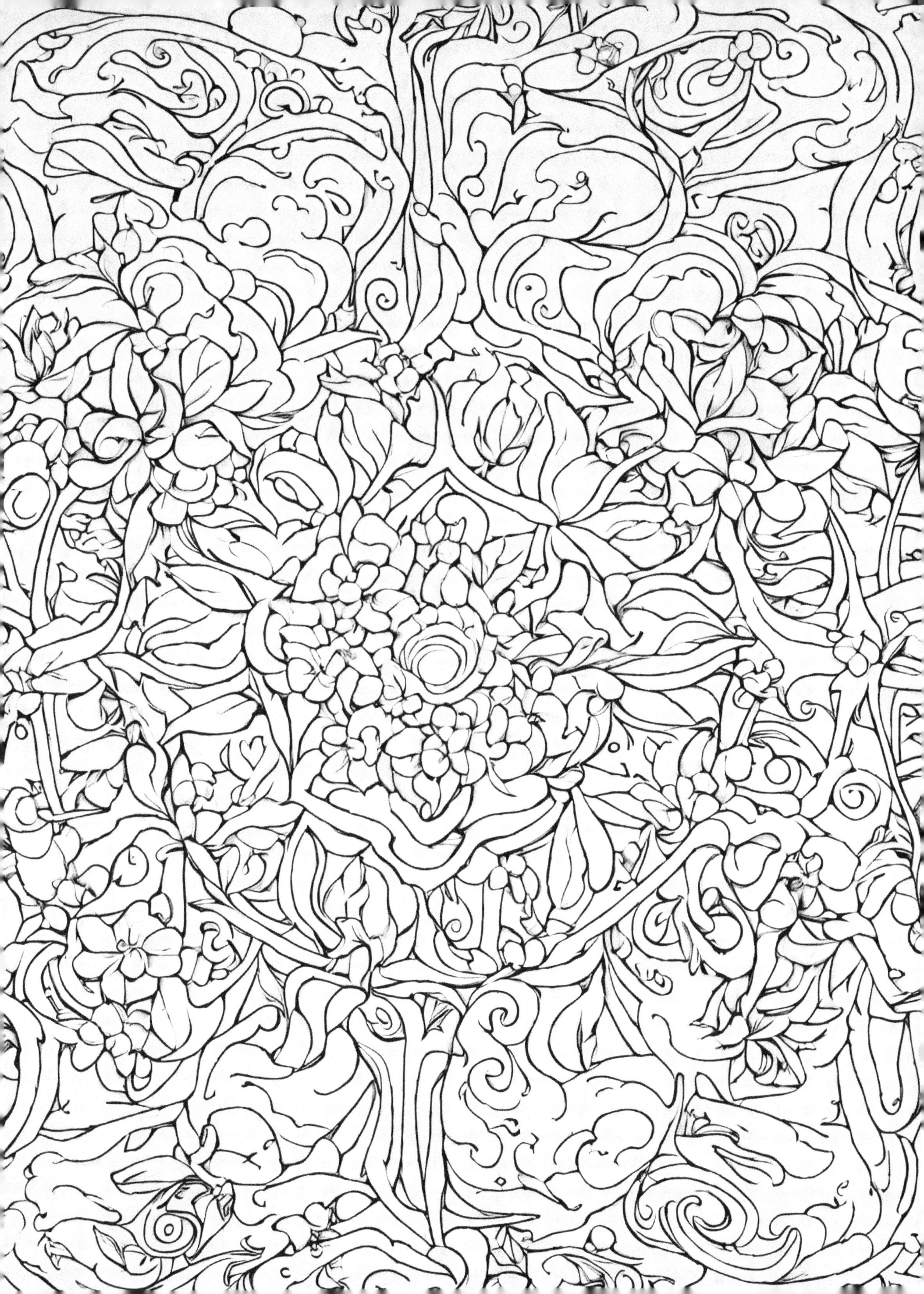

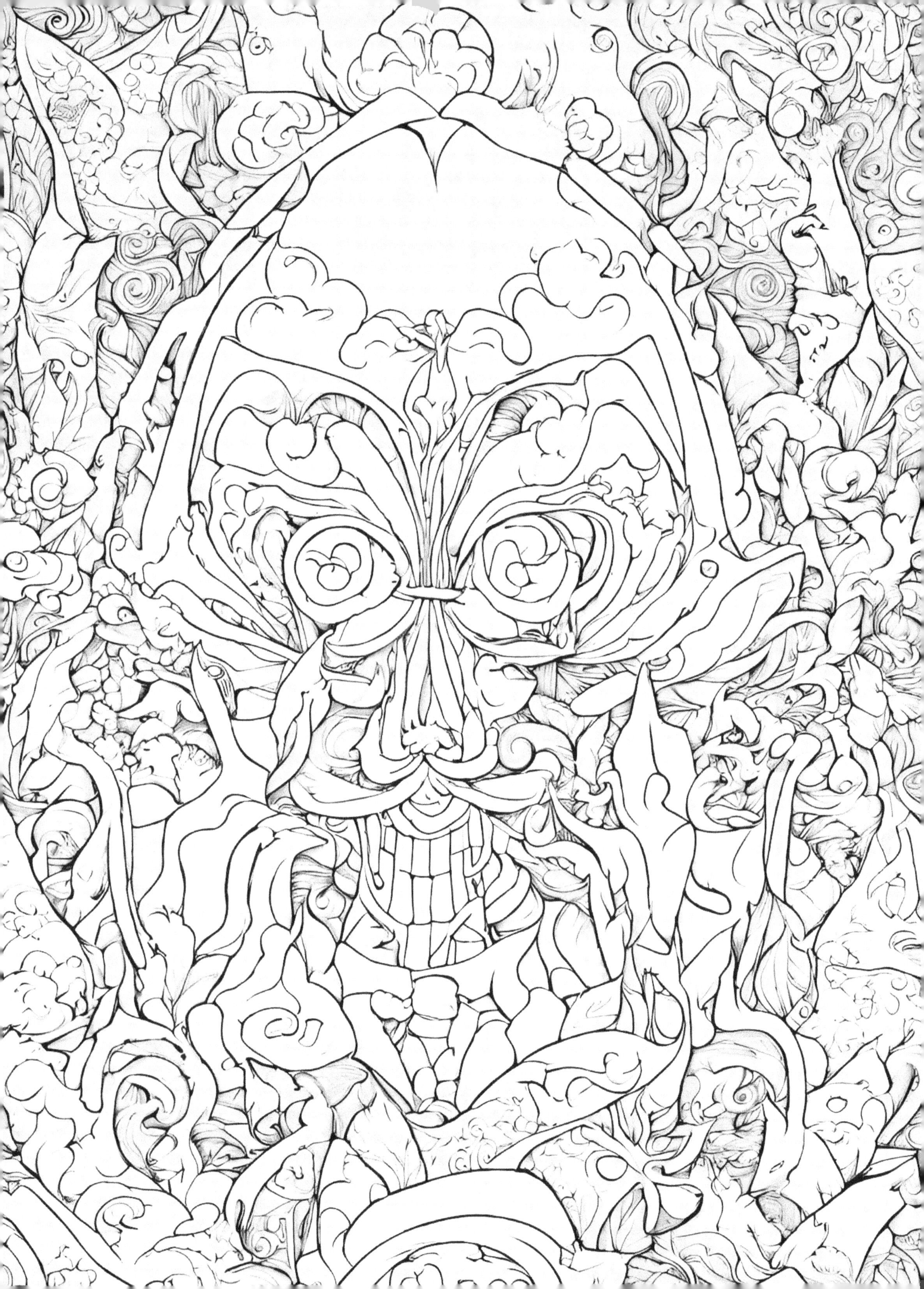

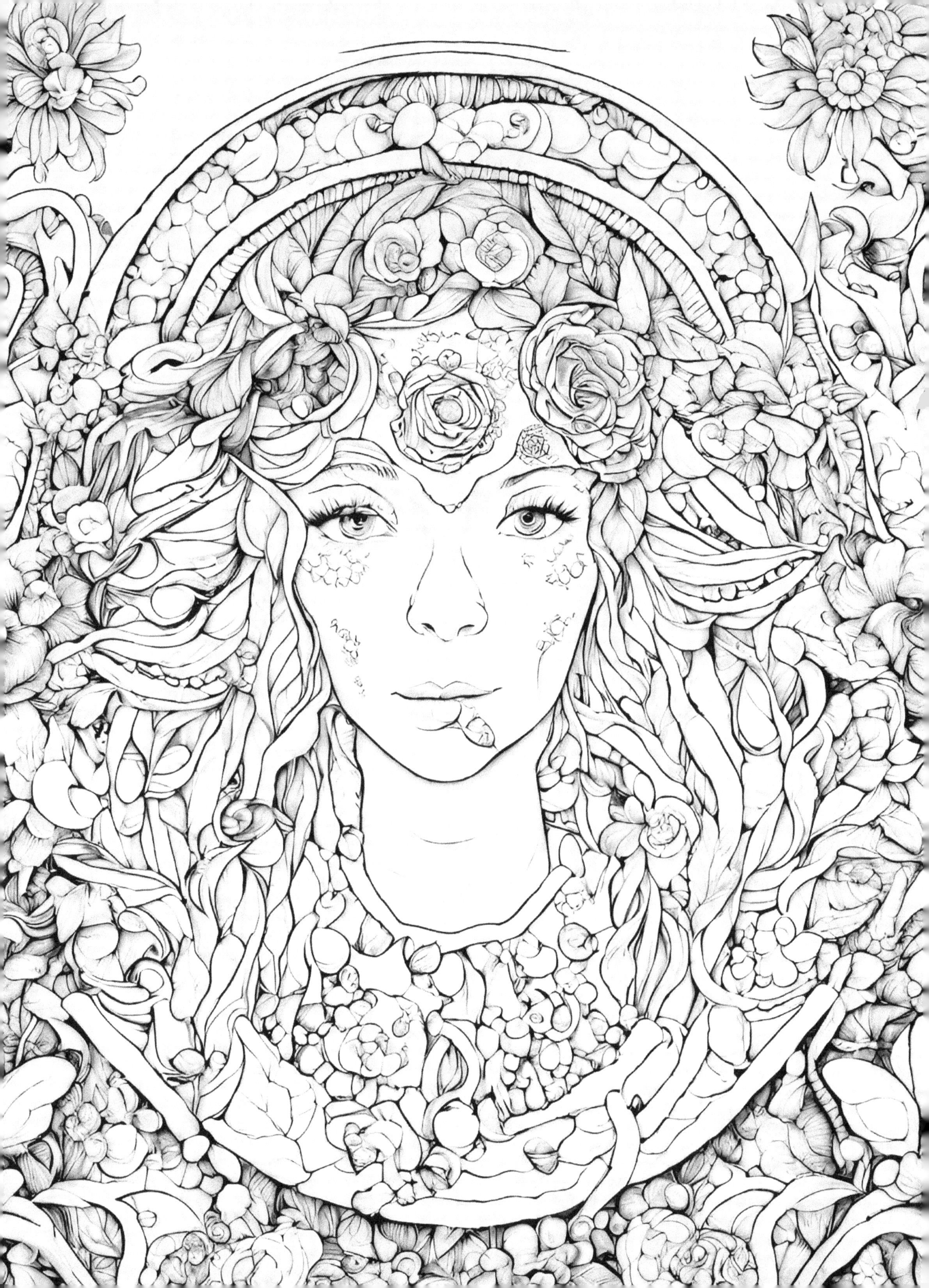

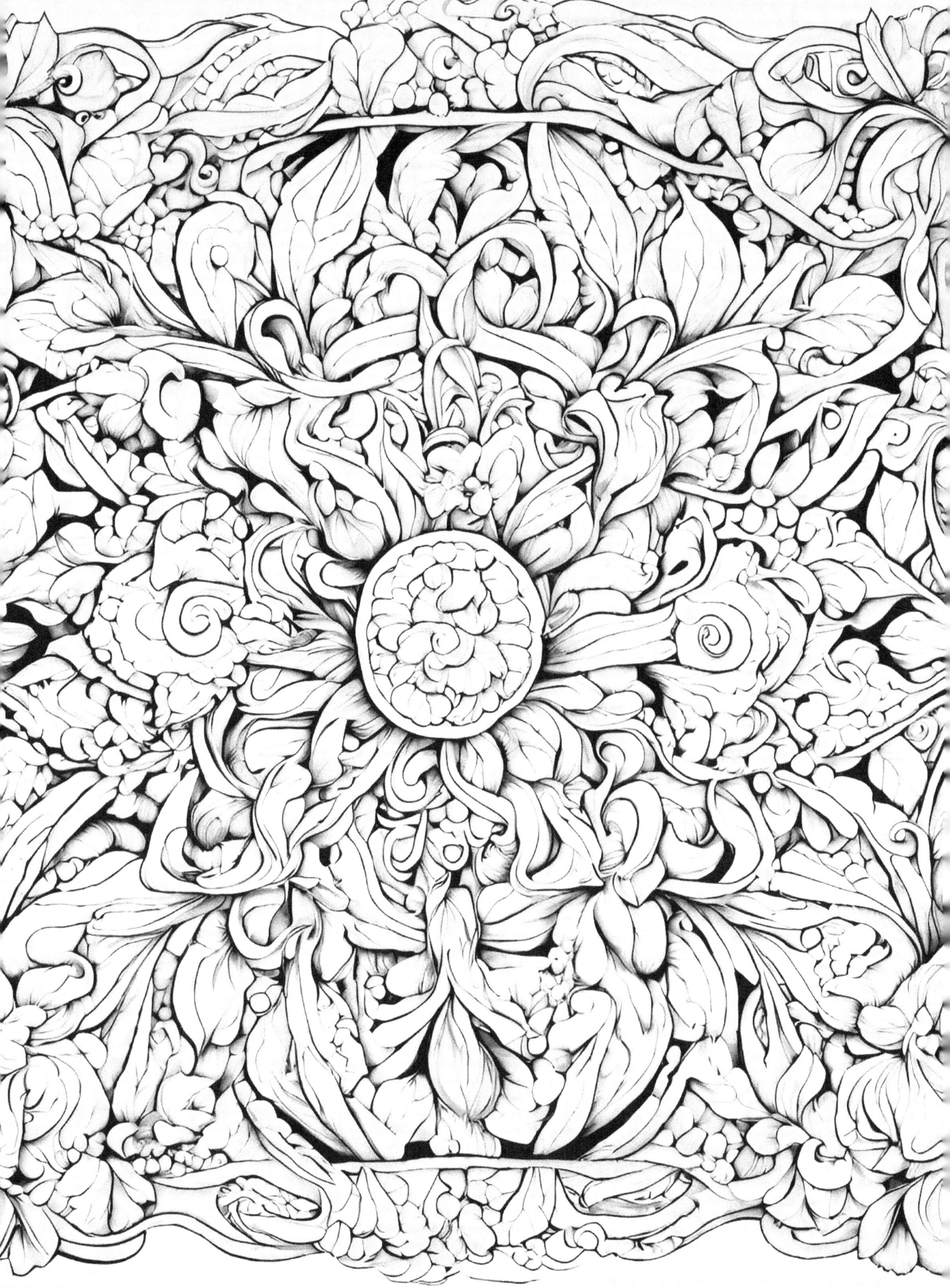

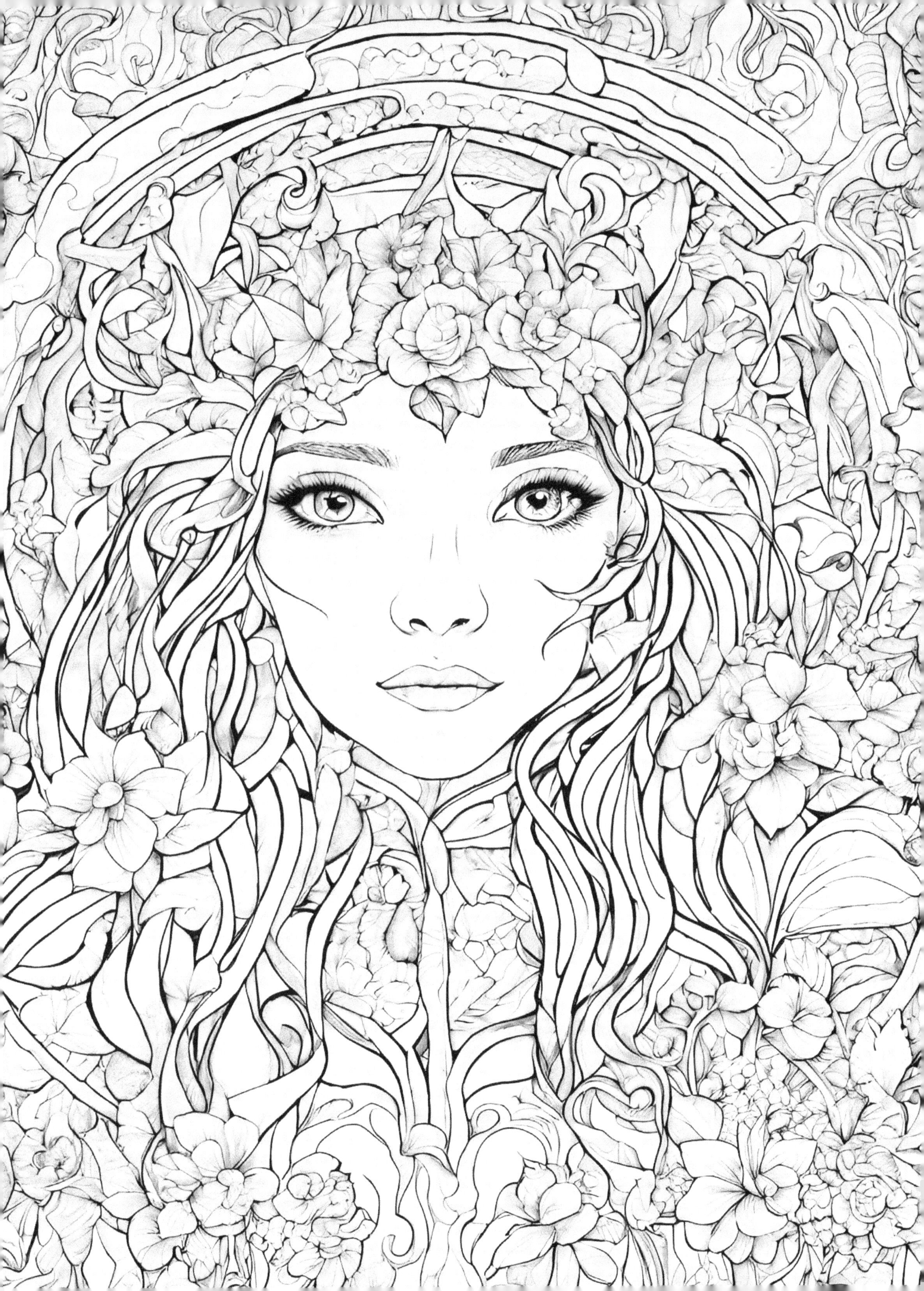

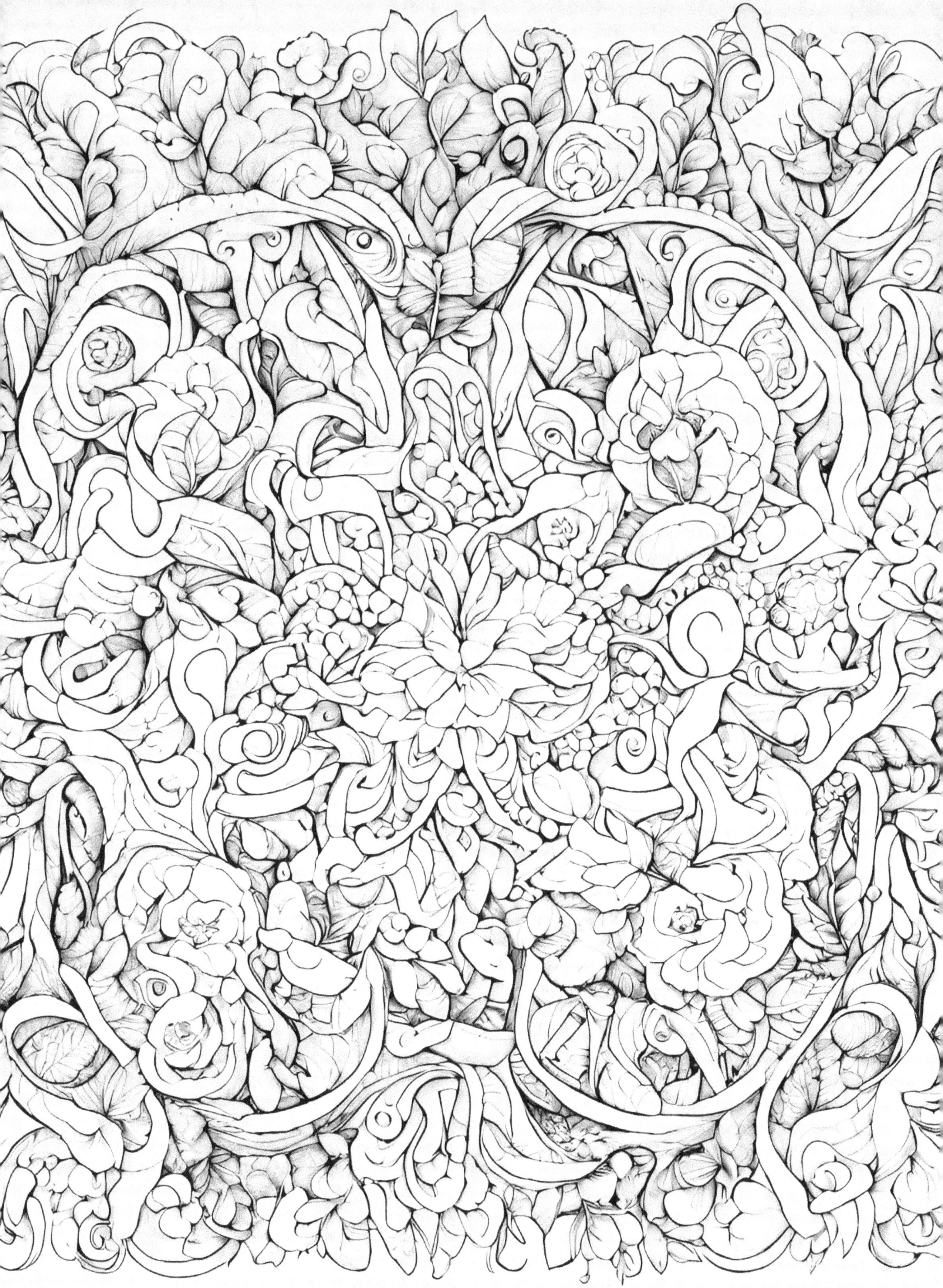

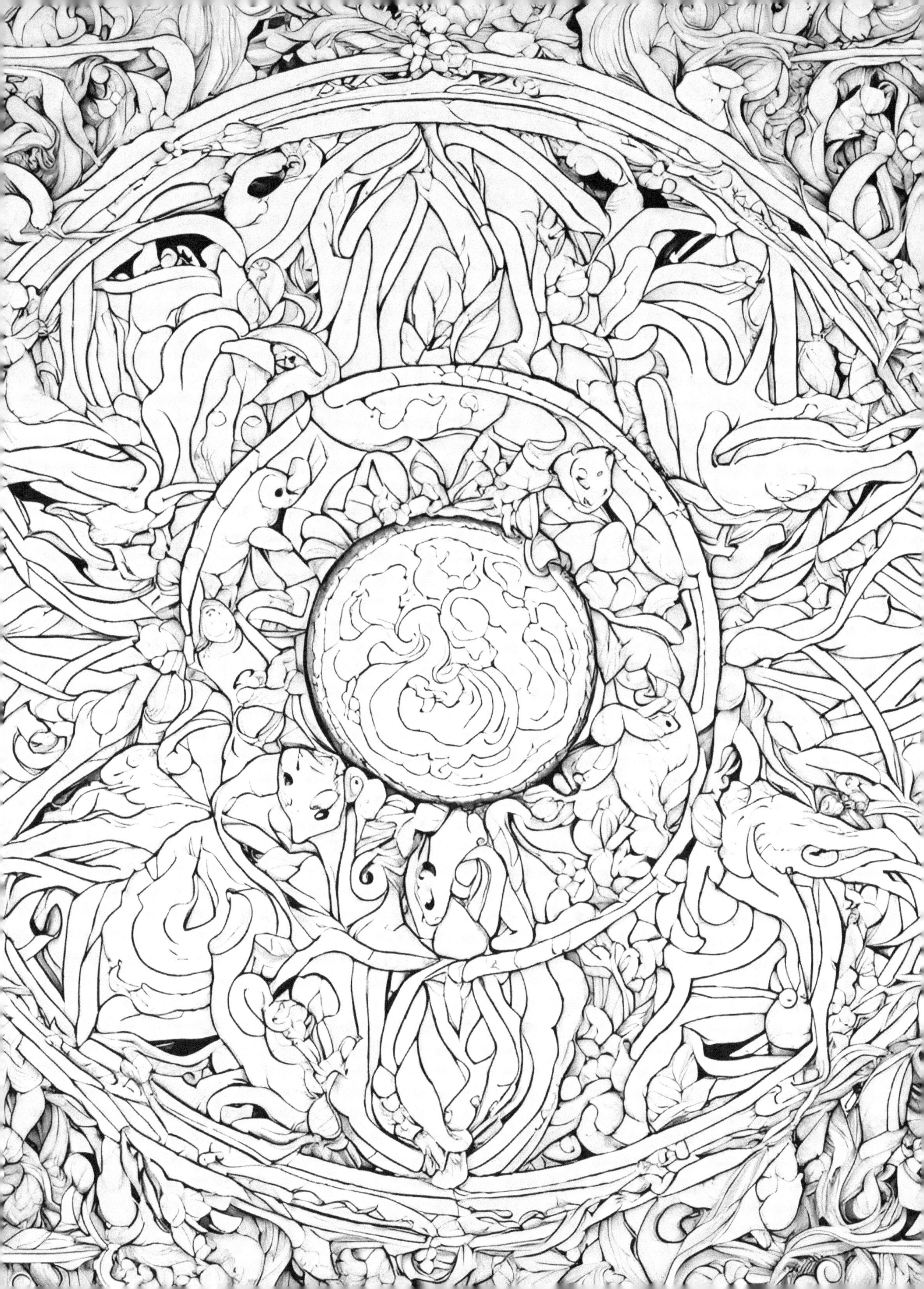

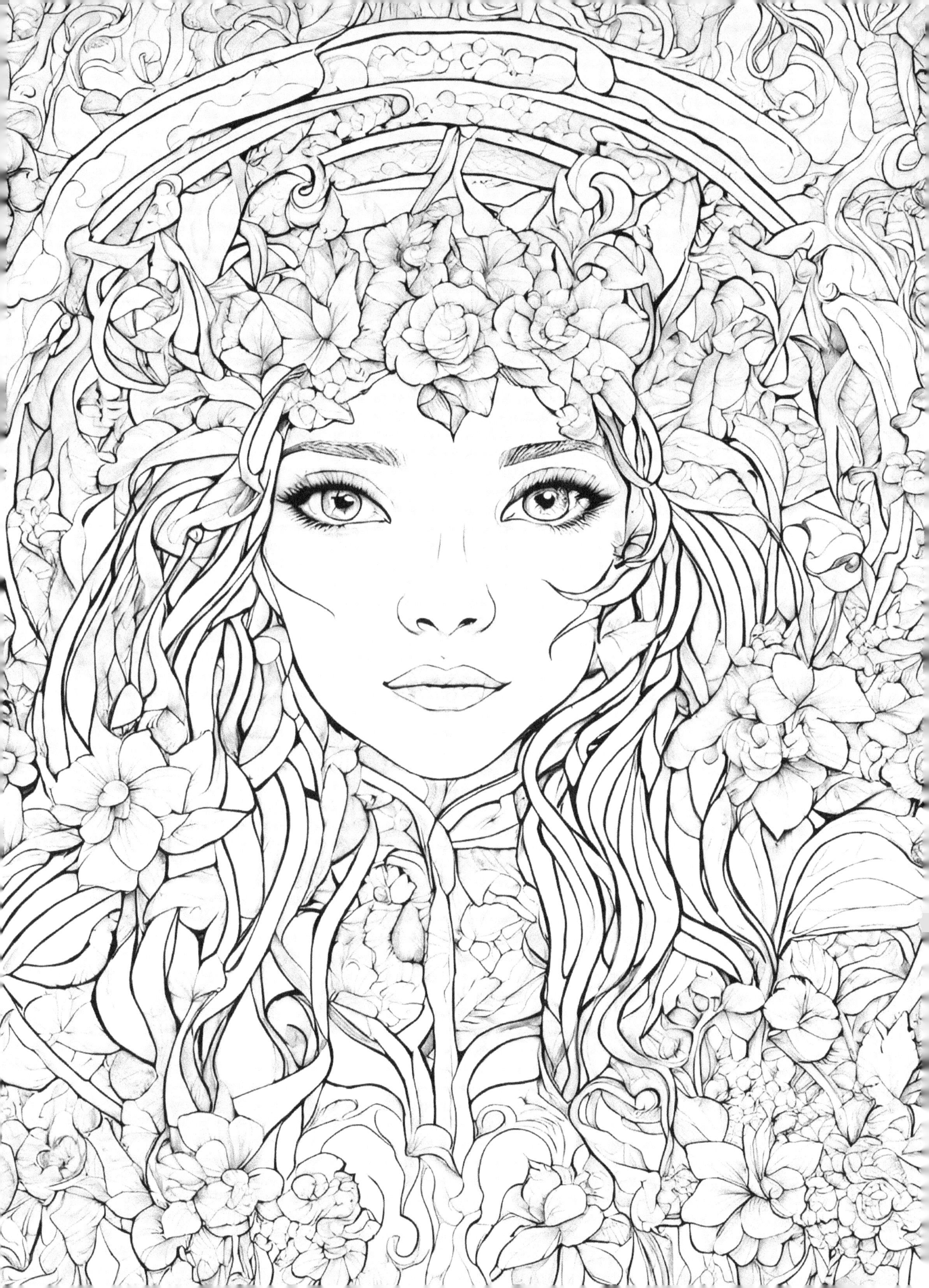

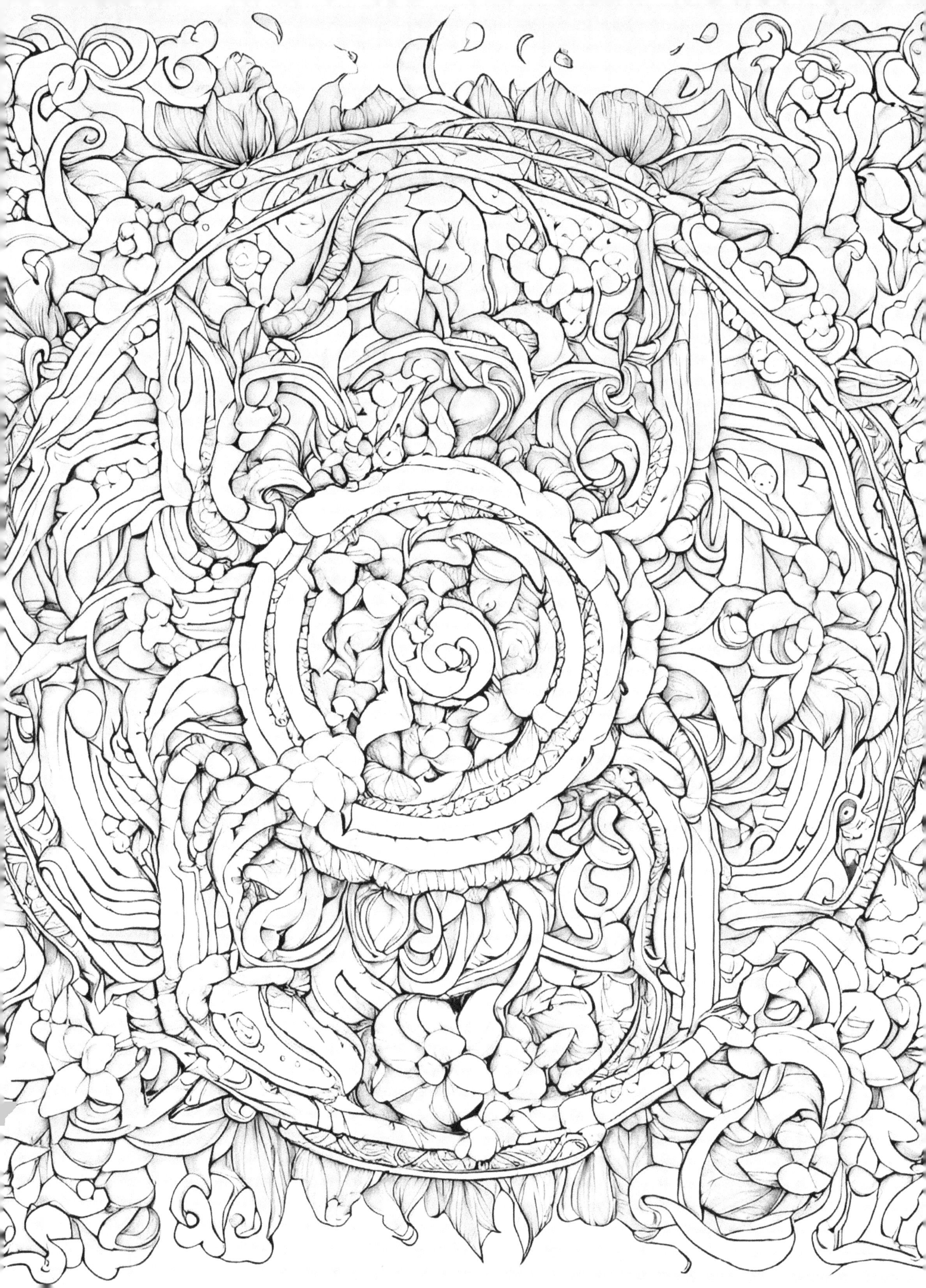

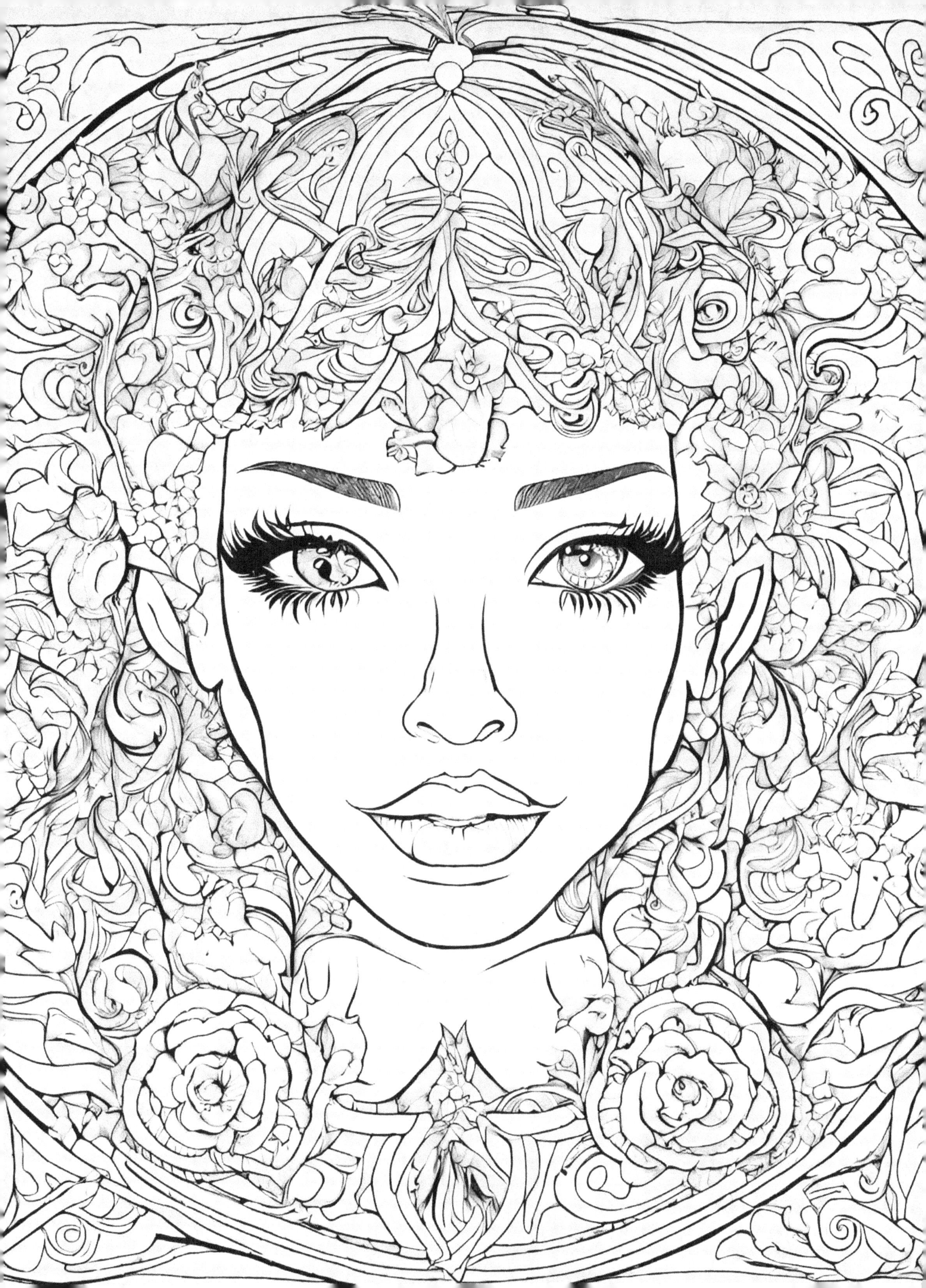

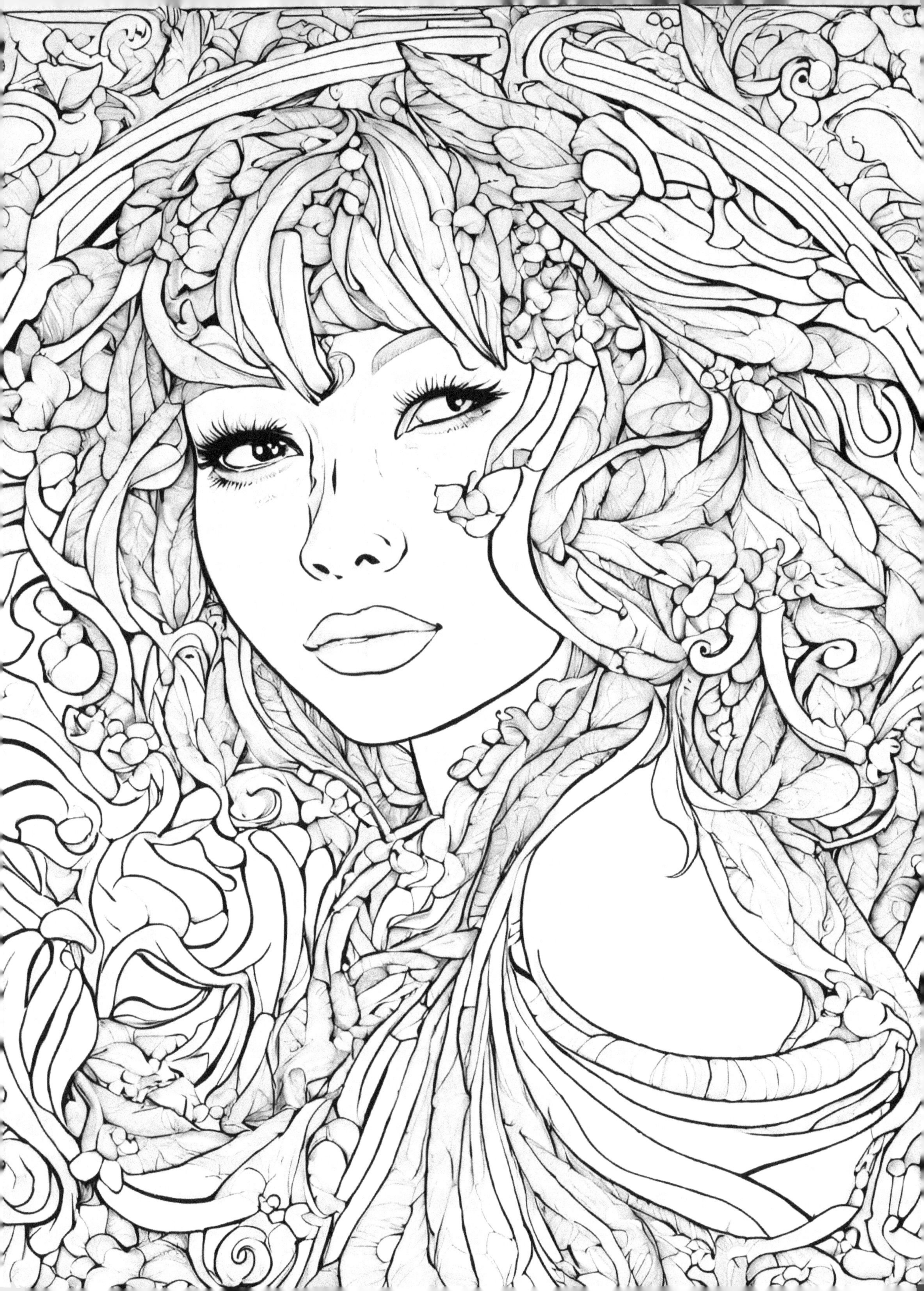

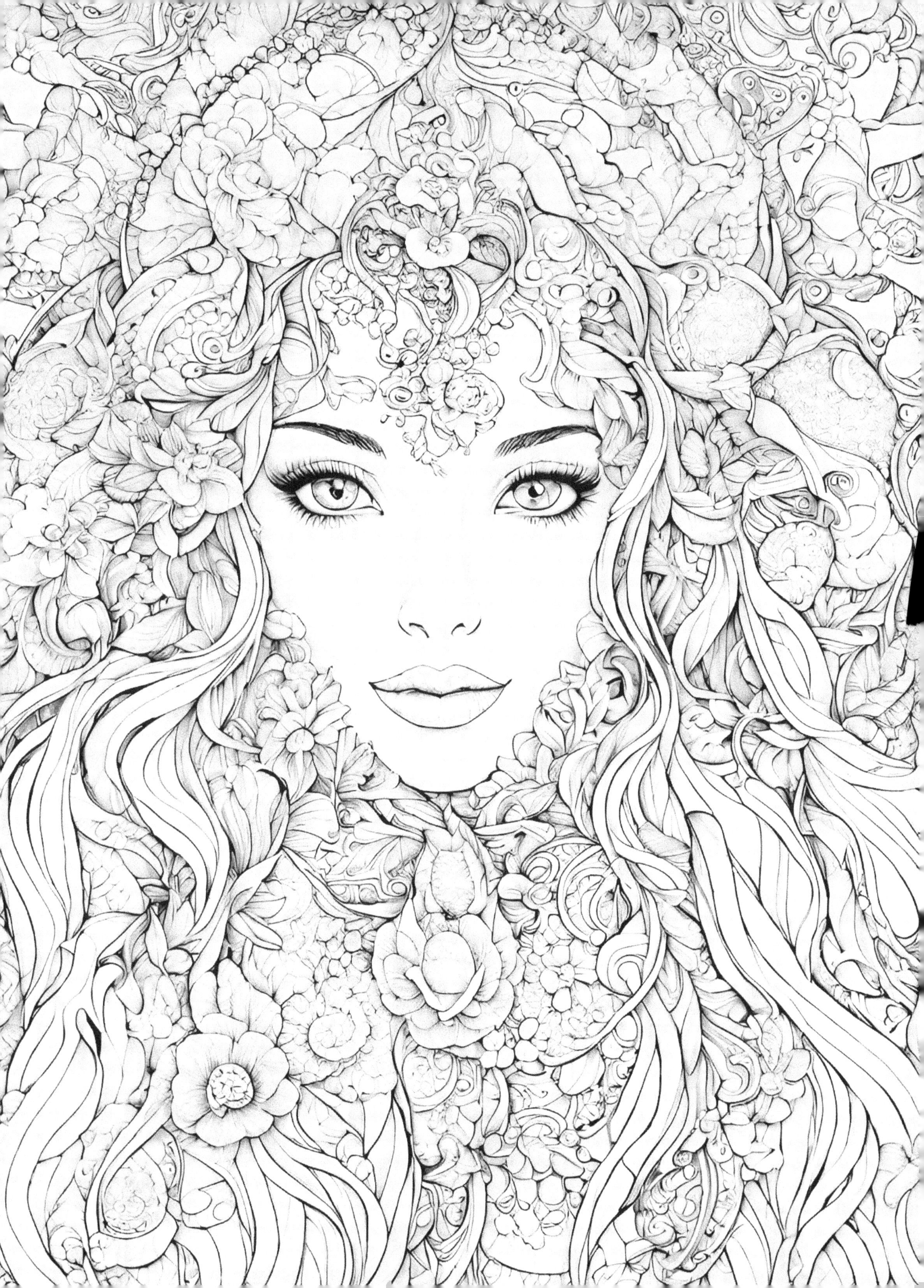

www.ingramcontent.com/pod-product-compliance
Lightning Source LLC
Chambersburg PA
CBHW080109010626
45794CB00015B/3340
* 9 7 9 8 8 7 3 8 6 7 5 7 8 *